NUESTRAS COMUNIDADES

ERES PARTE DE UNA COMUNIDAD ESCOLAR

THERESA EMMINIZER

Traducido por Cecilia González Godino

Gareth Stevens PUBLISHING

Please visit our website, www.garethstevens.com. For a free color catalog of all our high-quality books, call toll free 1-800-542-2595 or fax 1-877-542-2596.

Cataloging-in-Publication Data

Names: Emminizer, Theresa.
Names: Emminizer, Theresa, author.
Title: Eres Parte de Una Comunidad Escolar / Theresa Emminizer.
Description: New York : Gareth Stevens, [2020] | Series: Nuestras Comunidades | Includes index.
Identifiers: LCCN 2019027334 | ISBN 9781538250150 (6 Pack)| ISBN 9781538250167 (library binding) | ISBN 9781538250143 (paperback) | ISBN 9781538245446 (ebook)
Subjects: LCSH: Community and school–Juvenile literature.
Classification: LCC LC215 .E46 2020 | DDC 371.19–dc23
LC record available at https://lccn.loc.gov/2019027334

Published in 2020 by
Gareth Stevens Publishing
111 East 14th Street, Suite 349
New York, NY 10003

Translator: Cecilia González Godino
Editor, Spanish: Alberto Jiménez
Designer: Sarah Liddell
Editor: Theresa Emminizer

Photo credits: cover, pp. 1, 15 Tyler Olson/Shutterstock.com; background texture used throughout april70/Shutterstock.com; papercut texture used throughout Paladjai/Shutterstock.com; pp. 5, 17 Monkey Business Images/Shutterstock.com; p. 7 ESB Professional/Shutterstock.com; p. 9 Rawpixel.com/Shutterstock.com; p. 11 LightField Studios/Shutterstock.com; p. 13 wavebreakmedia/Shutterstock.com; p. 19 Darrin Henry/Shutterstock.com; p. 21 Sergey Novikov/Shutterstock.com.

Printed in the United States of America

CONTENIDO

¿Qué es una comunidad?

Una comunidad es un grupo de personas que viven y trabajan juntas. Cada escuela es una pequeña comunidad. ¿Dónde vas a clase? Quizá tomas un autobús para ir a una escuela pública, donde aprendes con otros niños de tu vecindario.

Tu comunidad escolar

¿Cómo es tu comunidad escolar? Puede que vayas a una gran escuela en la ciudad y compartas aula con muchos niños o puede que vayas a una escuela donde se habla español e inglés. Cada centro escolar es un mundo.

¿Quién forma parte de tu comunidad escolar?

Tus compañeros y tú, así como los profesores, los trabajadores y el **director**. Tus padres, los **entrenadores** y los conductores de autobús ¡también! Los miembros de la comunidad escolar trabajan unidos para lograr **objetivos** comunes.

Objetivos comunes

La comunidad escolar comparte objetivos: proteger a los **estudiantes**, ayudarles a aprender y hacer de la escuela un lugar más positivo. Cada miembro de la comunidad desempeña su propio rol, su papel, para colaborar en la consecución (el logro) de esas metas.

TOP

Roles comunitarios

Todos **contribuyen**: los conductores de autobús y los agentes de tráfico protegen a los estudiantes mientras están en la calle; en la escuela, los guardias de seguridad los vigilan, los profesores les enseñan y potencian sus **capacidades**; las enfermeras y los **consejeros** cuidan de su salud y su bienestar.

¿Cuál es tu papel?

Al ser estudiante, desempeñas el rol principal en tu comunidad escolar. Los estudiantes tienen el poder de convertir su escuela en un lugar positivo y seguro. La manera en que se comportan, cómo actúan cada día, marca la diferencia. ¿Cómo puedes contribuir tú a la mejora de tu escuela?

Tus responsabilidades

Una responsabilidad es un deber cuyo cumplimiento recae en ti. En tanto que estudiante, es responsabilidad tuya asistir a clase con ganas de aprender. Lleva el material escolar que necesites, como lápices y papel, y los deberes o los trabajos que haya encargado el profesor.

Tu comportamiento

Puedes convertir tu comunidad escolar en un lugar mejor siendo respetuoso. Eso significa tratar a los demás tal como deseas que te traten. Intenta llevarte bien con tus profesores y tus compañeros. Escucha con atención, espera tu turno y di siempre la verdad.

Tu escuela y tú

Si acatas (sigues) las normas de la escuela, respetas a los demás y eres responsable con tus estudios, mejorarás tu comunidad escolar. No obstante, hay otras formas de colaborar. Si además de lo anterior, participas en las **actividades** escolares, serás un modelo a seguir para los alumnos más jóvenes.

GLOSARIO

actividad: algo realizado por trabajo, diversión u otro motivo.

capacidad: poder para llevar algo a cabo.

consejero: profesional que aconseja a los estudiantes sobre problemas personales.

contribuir: ayudar a una persona, grupo o causa.

director: quien está a cargo de la escuela.

entrenador: quien lidera un equipo.

estudiante o alumno: quien asiste a la escuela para aprender.

objetivo: algo importante que se desea conseguir.

PARA MÁS INFORMACIÓN

LIBROS

Nagle, Jeanne. *What Is a Community?* New York, NY: Britannica Educational Publishing, 2017.

Peterson, Judy Monroe. *Who Are Community Workers?* New York, NY: Britannica Educational Publishing, 2017.

SITIOS DE INTERNET

Britannica Kids

kids.britannica.com/kids/article/community/626292

Aprende qué significa formar parte de una comunidad.

Kids Health

kidshealth.org/en/kids/getting-along-teachers.html?WT.ac=ctg#catpeople

Descubre cómo participar en tu comunidad escolar.

Nota del editor a los educadores y padres: nuestro personal especializado ha revisado cuidadosamente estos sitios web para asegurarse de que son apropiados para los estudiantes. Sin embargo, muchos de ellos cambian con frecuencia, por lo que no podemos garantizar que contenidos que se suban a esas páginas posteriormente cumplan con nuestros estándares de calidad y valor educativo. Les recomendamos que hagan un seguimiento a los estudiantes cuando accedan a Internet.

ÍNDICE